GEO

ESCAPE GAME

LE GUIDE DU MAÎTRE DU JEU

W0372102

LES RÈGLES DU JEU

LE CONCEPT D'ESCAPE GAME

Cette boîte est inspirée des *escape rooms*, des salles dont les participants doivent s'échapper en un temps imparti. Ici, les joueurs vivent une expérience de jeu plongés dans des environnements hostiles, où survivre n'est pas gagné d'avance : dans la jungle amazonienne poursuivis par des narcotrafiquants, dans le désert marocain à la recherche des secours, et sur la banquise de l'Arctique, tentant d'atteindre le pôle Nord.

QUI PEUT JOUER ?

En famille ou entre amis, de **3 à 8 joueurs** qui forment une seule et même équipe. L'un des participants doit endosser le rôle de maître du jeu (MJ).

LA MISSION

Résoudre des énigmes, trouver des documents ou s'échapper en exploitant le moindre indice, le tout en 45 minutes ! Aux joueurs de **coopérer**, de faire les bons choix et d'utiliser les ressources mises à leur disposition au cours de la partie, grâce à leur talent d'**observation** et à leur esprit **logique**.

LES CARTES

Chaque énigme s'accompagne de cartes. Elles seront données par le MJ au fur et à mesure que les joueurs **remplissent des objectifs** et **déverrouillent des étapes**.

Sur le verso de chaque carte sont indiqués un numéro et le nom de l'intrigue à laquelle elle appartient. Une même carte peut servir à plusieurs étapes.

LE MAÎTRE DU JEU

SA MISSION

C'est lui qui explique les consignes à respecter pour que tout se déroule au mieux, qui présente le contexte et les objectifs à atteindre et qui oriente les joueurs tout au long de la partie. **Il n'est pas là pour mettre les joueurs en situation d'échec.** Au contraire, il assure le bon déroulement de l'intrigue.

Le MJ est aussi le gardien du temps. Si les joueurs progressent rapidement, inutile de trop les aider. En revanche, s'ils perdent beaucoup de temps, le MJ doit les aider grâce aux indices proposés dans ce livret. Si ces indices ne suffisent pas, il est libre de donner des informations complémentaires.

SES INTERVENTIONS

Au cours de la partie, le MJ ouvre l'œil et tend l'oreille pour donner un petit coup de pouce aux joueurs quand il le juge utile, mais sans pour autant leur donner la réponse. Il ne fait qu'orienter leur raisonnement. Il assure en outre les transitions entre chaque énigme grâce aux **mises en situation**.

LES INDICES

Des exemples d'indices sont fournis dans ce livret mais le MJ peut en créer en fonction des difficultés rencontrées par les joueurs.

Attention : le MJ doit veiller à ne pas transmettre d'indice lorsque les joueurs sont en pleine réflexion. Cela risquerait de briser la dynamique du groupe ! Il vaut mieux attendre que les joueurs soient à court d'idées.

Le MJ n'est pas l'interlocuteur des joueurs, qui ne doivent donc pas lui demander la validation de leurs réponses ni lui poser de questions. Comme dans une *escape room*, il observe la partie depuis l'extérieur et n'intervient que quand il le juge nécessaire.

LES MISES EN GARDE

Si le MJ constate qu'un joueur est sur une bonne piste mais que le groupe s'égare, il peut intervenir, par exemple de la manière suivante :

« Écoutez-vous les uns les autres, l'un d'entre vous vient de faire une remarque importante. »
« Peut-être que vous avez négligé un indice passé. »

SES OUTILS

- Les instructions sur la remise des cartes aux joueurs.
- Les objectifs à atteindre pour chaque étape, à ne pas révéler aux joueurs.
- Les mises en situation à lire aux joueurs au fil du jeu.
- Les indices à éventuellement transmettre aux joueurs pour les aider au cours de l'aventure.

PRÉPARATION DE LA PARTIE

Avant de démarrer une partie, choisissez une intrigue parmi les trois proposées. Le MJ doit alors s'isoler et prendre les cartes qui correspondent à cette intrigue. Puis il doit **lire l'intégralité du scénario** de l'intrigue choisie, en consultant les cartes, afin de s'imprégner du contexte de l'histoire et de comprendre la résolution des énigmes. Cela lui permettra d'être plus à l'aise dans son rôle.

Ensuite, le MJ doit **constituer les lots de cartes** qu'il devra distribuer au fil des étapes de l'aventure, et les poser face cachée sur la table. **Attention à bien respecter l'ordre des cartes**, afin de ne pas dévoiler trop tôt la suite de l'aventure aux joueurs !

Lorsque le MJ est prêt, la partie peut démarrer. Top chrono !

DÉROULEMENT DE LA PARTIE

Après avoir lancé la partie, le MJ lit à voix haute la première mise en situation et distribue le premier lot de cartes, comme indiqué dans le livret.

Les joueurs échangent ensemble et **observent ou manipulent les cartes**. Ils doivent toujours garder à l'esprit que chaque étape permet de remplir un ou plusieurs objectifs. Le MJ observe leur progression, mais il ne prend pas part à la résolution.

Chaque fois qu'une étape est déverrouillée – qu'un objectif est atteint –, le MJ lance la suite du scénario : il continue de suivre les instructions, de lire des mises en situation quand c'est nécessaire et de distribuer de nouvelles cartes.

Parfois, les joueurs devront faire un choix entre **plusieurs pistes possibles** selon les théories qu'ils développent. S'ils font une erreur et s'en rendent compte, ils doivent alors revenir en arrière.

DROITS ET RESSOURCES DES JOUEURS

Les joueurs peuvent :

- ✓ jouer les intrigues dans n'importe quel ordre, car elles sont complètement indépendantes (certaines sont plus complexes à résoudre que d'autres, voir le nombre d'étoiles indiqué sous le titre de chacune) ;
- ✓ choisir le niveau de difficulté de jeu avant le début de la partie ;
- ✓ proposer de se déplacer dans des lieux de l'intrigue ;
- ✓ demander un indice au MJ.

NIVEAUX DE DIFFICULTÉ

Pour chaque intrigue, trois niveaux de jeu peuvent être proposés aux joueurs. Dans chaque cas, l'expérience est intense et la mission n'est jamais réussie d'avance !

Niveau facile : vous participez pour la première fois à un jeu d'escape game et vous n'êtes pas adeptes des jeux de logique. Vous avez le droit de demander **autant d'indices que le MJ pourra vous en fournir.**

Niveau intermédiaire : vous êtes des joueurs occasionnels d'escape game ou de jeux de logique et vous voulez relever le défi. Vous avez le droit de demander des indices mais le MJ devra **attendre 3 minutes** avant de vous en transmettre un.

Niveau difficile : vous vous considérez comme des joueurs confirmés d'escape game, et la logique, ça vous connaît ! Vous n'avez le droit qu'à **très peu d'indices**, et vous devrez **faire des sacrifices** pour obtenir certains d'entre eux.

Dans tous les cas, le MJ sera juge de votre progression et pourra décider de vous apporter des indices ou des mises en garde à sa guise.

MATÉRIEL À DISPOSITION

Les joueurs doivent pouvoir disposer de **crayons** et de **feuilles de papier** pour prendre des notes ou réfléchir à la résolution de certaines énigmes. Si les joueurs souhaitent se mettre dans les conditions d'un vrai escape game, le MJ peut régler un **chronomètre** sur 45 minutes.

DANS L'ENFER DE LA JUNGLE

NIVEAU DE DIFFICULTÉ : ★★★

Note au MJ : équipez-vous de jetons, de pièces ou d'autres objets pour représenter les niveaux de blessure des joueurs. ***Attention, cette aventure est mortelle.*** *De 2 à 4 joueurs (en plus du MJ), comptez 3 blessures avant qu'un joueur ne meure (il est alors éliminé). À partir de 5 joueurs, comptez 2 blessures par joueur. Si vous souhaitez réutiliser le jeu, vous pouvez photocopier les cartes 11 à 13 et/ou utiliser un crayon à papier.*

Mise en situation à lire aux joueurs :

« Avec votre ONG, vous êtes au cœur de la jungle amazonienne depuis une semaine pour soutenir la population contre la déforestation. La région est l'une des plus menacées : chaque jour, des hectares entiers disparaissent, dévorés par des incendies contrôlés, des coupes illégales ou l'expansion de routes clandestines.

Vous ne lâchez pas un centimètre de terrain aux employés de Hillsaint, une multinationale active dans la chimie et l'agriculture, qui cherche à imposer ici ses cultures intensives de soja transgénique. De l'autre côté du fleuve, vous apercevez leurs engins et leurs tentes à travers vos jumelles **(le MJ pose la carte 1)**. Leurs projets menacent l'écosystème et les communautés autochtones qui vivent de la forêt.

Votre ONG mène une mission cruciale : vous avez formé des habitants à la défense de leurs terres, installé des capteurs pour surveiller la faune, et documenté votre quotidien dans la jungle sur les réseaux sociaux pour sensibiliser à votre cause.

Mais ce matin, le réveil se fait par des coups de feu : des narcotrafiquants sortis de la jungle attaquent votre village. C'est le chaos, tout le monde a fui dans la forêt. Même Peter, le responsable des communications de votre ONG, a disparu. Il ne vous reste plus qu'une solution : lancer un S.O.S. et atteindre un point d'extraction. »

1re étape : S.O.S.

Lieu : le village • Cartes 2 à 9.

OBJECTIFS :

- Récupérer la radio pour lancer un S.O.S.
- Atteindre la jungle.

Mise en situation à lire aux joueurs :

« Il vous faut récupérer la radio dans le logement de Peter. **(Le MJ pose la carte 2.)** Malheureusement, une fois devant chez lui, vous trouvez la porte fermée par un cadenas. Dépêchez-vous, ça tire dans tous les sens et il y a des balles perdues ! Vous n'avez pas le temps de traîner : toutes les deux tentatives d'ouverture échouées, celui d'entre vous qui a tenté de déverrouiller le cadenas subit 1 blessure. »

Si un joueur précise qu'il prend le tournevis au sol, le MJ pose la carte 3.
Si un joueur précise qu'il regarde la carte au sol, le MJ pose la carte 4.

Indices

→ « Vous n'êtes pas dans un jeu télé, les chiffres à côté de la porte ne servent à rien. »
→ « Il y a des objets au sol. »

SOLUTION

Les chiffres écrits sur le mur n'ont aucune utilité. Pour ouvrir, il faut soit forcer le cadenas avec le tournevis, soit utiliser l'année de naissance sur la carte d'identité comme code pour le cadenas.

Le MJ peut défausser les cartes 2 à 4, qui ne serviront plus.

Mise en situation à lire aux joueurs :

« À l'intérieur, vous trouvez une radio **(le MJ pose la carte 5)** et un kit de premiers secours **(le MJ pose la carte 6)**. Mais vous n'avez pas le temps d'utiliser la radio et d'appeler des secours pour le moment, c'est trop dangereux ! Il faut d'abord atteindre la jungle, en vous faufilant rapidement et discrètement entre les maisons jusqu'à la forêt. **(Le MJ pose les cartes 7 et 8.)** »

Si les joueurs ne réussissent pas à trouver une suite correcte de flèches en 2 minutes, le joueur qui a validé la dernière flèche subit 1 blessure.
Si les joueurs réussissent en moins de 1 minute, ils découvrent en passant un second kit de premiers secours : le MJ pose la carte 9.

Indice

→ « Rayez les lettres des flèches au fur et à mesure que vous les utilisez. »

SOLUTION

On peut agencer les flèches différemment, mais il faut obtenir une suite de flèches équivalente à celle-ci : B D K C L I H E F A G J.

Le MJ peut défausser les cartes 7 et 8, qui ne serviront plus.

2e étape : Atteindre le point d'extraction

Lieu : la jungle • Cartes 10 à 18.

OBJECTIFS :

- Décoder le message pour localiser le point d'extraction.
- Passer la nuit dans la jungle.
- Survivre au jaguar.
- Traverser la rivière.

Mise en situation à lire aux joueurs :

« Une fois dans la forêt, vous contactez les secours. Après une courte discussion avec un pilote d'hélicoptère de votre ONG, celui-ci vous promet de venir vous chercher. En revanche, il vous indique que des narcotrafiquants pourraient écouter vos communications. Il est donc obligé de coder les informations qu'il vous donne afin de vous mener au point d'extraction. Une fois sur place, il faut le recontacter ou lui donner un signe de votre présence. **(Le MJ pose la carte 10.)** »

La carte 10 code le chemin à suivre pour trouver le point d'extraction. Pour trouver la bonne direction, les joueurs doivent décrypter les propositions à l'aide de la liste donnée : « Aquaverde / Greenpeace / Hillsaint / Jaguar Ecological Reserve ».

- *« trois kilomètres fois nombre d'ONG au nord »* : 3 ONG dans la liste, donc 9 km (3 × 3).
- *« l'homme en est un, de quoi se rendre à l'est du nombre de A en kilomètres »* : l'homme est un animal, et il y a deux A dans le mot, donc 2 km à l'est.
- *« Une fois dans la zone sans vert »* : la Jaguar Ecological Reserve est la seule des ONG qui ne comporte pas le mot « vert » ; il faut donc entrer dans la réserve.
- *« comptez hélicoptère kilomètres et continuez vers la colline au Petit Ours. »* : il y a 11 lettres dans le mot « hélicoptère », et la Petite Ourse, qui contient l'étoile Polaire, indique le nord ; il faut donc avancer de 11 km au nord.

Indices

→ « Hillsaint n'est pas une ONG. »
→ « L'être humain est un mammifère, mais aussi plus généralement... ? »
→ « Pas besoin d'être polyglotte pour deviner le vert dans le nom des ONG. »
→ « Il faut compter les lettres de certains mots. »
→ « Une constellation très connue permet de repérer le nord. »

SOLUTION

Il faut parcourir 9 km vers le nord, 2 km vers l'est, puis une fois dans la Jaguar Ecological Reserve, avancer de 11 km au nord.

Dès que les joueurs sont sûrs de leur direction, ils peuvent partir. S'ils se sont trompés, ils tombent sur des narcotrafiquants et celui qui avait donné le résultat subit 1 blessure. Ils peuvent s'échapper et réfléchir à nouveau pour une réponse.

Le MJ peut défausser la carte 10, qui ne servira plus.

Mise en situation à lire aux joueurs :

« Une fois que vous êtes dans la bonne direction, la nuit tombe. Vous avez marché toute la journée. Il a fait chaud, vous avez soif et vous êtes épuisés.

Il faut construire un abri surélevé pour passer la nuit à l'abri des dangers, tels que les insectes ou les reptiles. (Le MJ pose la carte 11.) Vous aurez aussi besoin de trouver de l'eau potable avant de repartir demain matin. »

Construire un abri pour la nuit (carte 11)

Toutes les 5 tentatives échouées, le joueur qui tient le crayon subit 1 blessure.

Les joueurs peuvent réaliser ces tracés sur la carte 11, sur une photocopie des cartes, ou encore sur une feuille en reproduisant le schéma.

Indice

→ « N'hésitez pas à sortir du carré. »

SOLUTIONS

Par exemple :

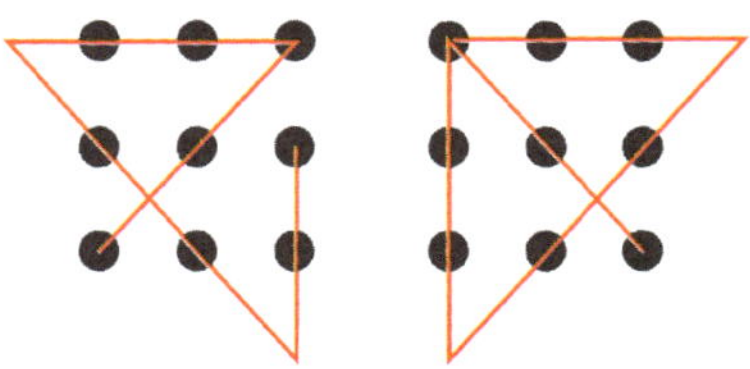

Si l'épreuve est réussie du premier coup, les joueurs trouvent même de quoi manger : le MJ pose la carte 14. Sinon, le MJ la défausse.

Le MJ peut défausser la carte 11, qui ne servira plus.

Trouver de l'eau

Les joueurs ont deux possibilités pour trouver de l'eau potable :

- Si les joueurs proposent d'observer les animaux et de les suivre jusqu'à un point d'eau : le MJ pose les cartes 12 et 13. Mais il leur faut utiliser un kit de premiers secours pour purifier l'eau. Le MJ défausse alors la carte. Cela hydrate tout le monde.

SOLUTION

Le MJ peut défausser les cartes 12 et 13, qui ne serviront plus.

- Si les joueurs veulent récupérer l'eau de pluie durant la nuit, ils doivent construire un récupérateur d'eau avec un vêtement et des lianes : le MJ pose la carte 16. Cela hydrate seulement 4 personnes, les éventuels autres joueurs subissent 1 blessure.

Indice

→ « Faites les opérations dans l'ordre. »

SOLUTION

2 + 2 + 2 = 6

3 × 3 – 3 = 6

6 + 6 – 6 = 6.

Si l'une des épreuves est réussie du premier coup, les joueurs trouvent même de quoi manger : le MJ pose la carte 15. Sinon, le MJ la défausse.

Le MJ peut défausser la carte 16, qui ne servira plus.

Mise en situation à lire aux joueurs :

« Une fois la nuit passée, vous repartez en direction de la rivière qui marque la frontière de la réserve. Mais vous repérez rapidement un jaguar qui vous traque. Il va falloir faire preuve de logique pour le semer tout en évitant les autres dangers de la jungle : le jaguar n'est pas le seul animal redoutable que vous allez croiser aujourd'hui ! **(Le MJ pose la carte 17.)** »

Indice

→ « Une seule espèce par case. »

SOLUTION

1 : jaguar. 2 : aucun danger. 3 : serpents. 4 : caïman.

À chaque erreur, un des joueurs subit 1 blessure. Le MJ peut défausser la carte 17.

Mise en situation à lire aux joueurs :

« Maintenant que vous avez distancé le jaguar, il n'y a plus qu'à traverser la rivière ! Il faut construire un radeau en faisant les bons calculs pour que tout le monde puisse s'y installer sans danger. Vite, car les narcotrafiquants se rapprochent et commencent à tirer au loin ! **(Le MJ pose la carte 18.)** »

Indice

→ « N'oubliez pas que certaines opérations de calculs sont prioritaires sur d'autres. »

SOLUTION

8 + 8 + 8 = 24

8 + 15 + 15 = 38

15 × 3 – 3 = 42

3 × 8 – 15 = 9

Si les joueurs ne réussissent pas l'épreuve du premier coup, la radio tombe à l'eau et est perdue. On défausse alors la carte 5.

Le MJ peut également défausser la carte 18, qui ne servira plus.

3e étape : Monter dans l'hélicoptère

Lieu : la clairière • Carte 19.

OBJECTIFS :

- Communiquer le timing à l'hélicoptère.
- Monter dans l'hélicoptère sans se faire tuer par les narcotrafiquants.

Mise en situation à lire aux joueurs :

« Une fois la rivière traversée, vous foncez au point d'extraction. Il n'y a plus une seconde à perdre ! Vous arrivez rapidement au sommet d'une colline où il fait très chaud à cause des rayons directs du soleil. La clairière est cependant dégagée et parfaite pour l'atterrissage de l'hélicoptère. **(Le MJ pose la carte 19.)**

Il faut signaler votre présence au pilote le plus vite possible : les balles des narcotrafiquants sifflent à vos oreilles. Toutes les 30 secondes, l'un de vous est touché et blessé. Dépêchez-vous ! »

Indice

→ « Quels objets avez-vous récupérés au cours de votre fuite ? »

→ (Si les joueurs n'ont plus la radio ou ne l'utilisent pas) « Le soleil est assez fort, il suffirait d'une lentille de verre pour trouver une solution de communication. »

SOLUTION

Utiliser la radio (carte 5) pour appeler le pilote (si les joueurs l'ont toujours), ou se servir des verres des jumelles (carte 1) pour faire signe au pilote ; les joueurs ont alors deux possibilités :

- **Faire miroiter un verre de jumelles au soleil pour lancer un S.O.S. lumineux.**
- **Utiliser le verre de jumelles comme loupe pour allumer un feu et faire de la fumée pour signaler sa présence.**

Une fois prévenu, le pilote met 30 secondes pour venir. Si des joueurs sont encore en vie à son arrivée, lisez le paragraphe « victoire » ci-dessous. Sinon, lisez le paragraphe « échec ».

Victoire ! Mise en situation à lire aux joueurs :

« Les balles fusent ! L'hélicoptère descend. Le bruit des rotors couvre celui des tirs. Mais grâce à la femme qui vous aide à monter, tous les survivants réussissent à grimper à bord. C'était moins une. Ça ne sera pas une victoire pour votre ONG, en tout cas pas tout de suite. C'est à se demander si l'entreprise Hillsaint n'a pas payé des criminels pour accéder à la zone à conquérir… Malheureusement, aucune preuve. Mais vous avez survécu, c'est déjà ça, non ? »

Échec. Mise en situation à lire aux joueurs :

« Les balles fusent ! Un par un, vous êtes touchés. Au loin, on entend le bruit des rotors d'un hélicoptère. Mais vous êtes tous tombés. Les narcotrafiquants s'avancent vers vous d'un air menaçant qui vous laisse craindre le pire… C'est la fin de votre histoire et probablement du territoire à défendre. »

PERDUS DANS LE DÉSERT

NIVEAU DE DIFFICULTÉ : ★ ★ ★

Note au MJ : équipez-vous de jetons, de pièces ou d'autres objets pour suivre le niveau de santé des joueurs. De plus, vous devez noter le nombre de jours de voyage jusqu'à destination. Si vous souhaitez réutiliser le jeu, vous pouvez photocopier les cartes 14 à 16, 19, 23 et 37 à 40 *(vous pouvez les agrandir pour plus de confort visuel) et/ou utiliser un crayon à papier.*

Mise en situation à lire aux joueurs :

« Voici un beau programme de trek dans l'erg Chegaga au Maroc ! Cet erg, une région du Sahara couverte de dunes, est le plus grand du pays ! **(Le MJ pose la carte 1.)** Voilà déjà deux jours que vous avez laissé le 4 × 4 pour de sublimes paysages. Vous êtes désormais dans le désert, votre guide Ahar vous laisse profiter de la vue du haut de la colline et prend du matériel pour l'apporter jusqu'au camp, en bas, derrière l'arche de pierre.

Mais tout à coup, une tempête de sable s'abat sur vous ! Vous avez juste le temps de dévaler la pente pour vous abriter en catastrophe, perdant votre équipement restant. Heureusement, tout votre groupe est vivant. Mais où est Ahar ? Dans un premier temps, malgré les 40 °C, il faut retrouver quelques-unes de vos affaires. »

1re étape : Où est le guide ?

Lieu : l'erg • Cartes 2 à 16.

OBJECTIFS :

- Récupérer 3 objets.
- Retrouver Ahar.

Mise en situation à lire aux joueurs :

« Vous espérez qu'Ahar a survécu, mais vous devez d'abord fouiller le sable pour retrouver quelques affaires avant de le chercher !
(Le MJ pose les cartes 2 à 9 faces cachées.) »

Chacun à son tour, les joueurs retournent deux cartes. Si elles sont identiques, les joueurs gagnent l'objet dessus et le MJ donne la carte correspondante (cartes 10 à 13). Sinon, il les replace face cachée. Quand trois objets sont trouvés, le MJ récupère les cartes 2 à 9 et en distribue une à chaque joueur comme jauge de santé, en ne tenant plus compte des images de gourde, kit de premiers secours, etc. Chacun place un jeton sur la case verte (« OK ») pour commencer la partie.

Mise en situation à lire aux joueurs :

« Vous vous rapprochez maintenant de l'arche de pierre pour essayer de retrouver Ahar. Il est en vie ! Sa voix résonne au fond d'une grotte sous un éboulement. Il faut ramper pour se rapprocher. ***(Le MJ pose les cartes 14, 15 et 16.)*** *»*

SOLUTION

Le MJ peut défausser les cartes 14 à 16, qui ne serviront plus.

Mise en situation à lire aux joueurs :

« Ahar est dans une crevasse. Il a la jambe cassée, impossible de le sortir de là. "Il y a des secours au dernier camp, C5. Regardez sur la carte, dit-il. Allez-y, mais faites attention. Si vous voulez survivre au désert, vous devez garder en tête ces 5 règles. D'abord, l'hydratation : buvez dès que vous le pouvez, c'est vital. Ensuite, protégez-vous du soleil autant que possible, c'est un ennemi silencieux, mais redoutable. Gardez votre cap, ne vous égarez surtout pas. Méfiez-vous des bêtes : elles rôdent, souvent invisibles jusqu'au dernier moment. Et surtout... gardez votre calme, ne gaspillez ni votre énergie ni votre lucidité." Il vous lance le reste de ses allumettes. **(Le MJ pose la carte 17.)** Vous devez vous dépêcher : le camp est à plusieurs jours de voyage, et Ahar ne tiendra pas très longtemps seul dans la crevasse... »

2e étape : Survivre au désert

Lieu : le désert de roche • Cartes 18 à 36.

OBJECTIFS :

- S'orienter.
- Allumer un feu
- Trouver de l'eau potable et de la nourriture
- Atteindre le point de ravitaillement.

Mise en situation à lire aux joueurs :

« Quand vous ressortez de la crevasse, le soleil commence à se coucher. Vous devez maintenant trouver des repères pour vous orienter et avancer dans la bonne direction à travers l'erg. Et pour ça, rien de mieux que les étoiles. **(Le MJ pose la carte 18.)** »

Les joueurs doivent retrouver les mots cachés à partir des définitions ou des synonymes donnés, puis relever les lettres correspondant à des étoiles sur la carte 18. En les remettant dans l'ordre, ils trouveront le nom de l'étoile qui les guidera.

SOLUTION

Désert de dunes = ERG ; pays du Maghreb = MAROC ; traces à suivre = PISTE ; 4 × 4 = VOITURE ; crevasse = FAILLE.

En remettant dans l'ordre les lettres correspondant aux étoiles, on forme : ETOILE POLAIRE.

Le MJ peut défausser la carte 18, qui ne servira plus.

Mise en situation à lire aux joueurs :

« L'étoile Polaire indique le nord, c'est donc dans cette direction que se trouve le camp 5 et les secours. Pour l'instant, vous devez vite préparer un feu, car dans le désert, la température chute pendant la nuit. Vous trouvez des végétaux secs que vous allumez grâce à une allumette. Mais pour que le feu prenne bien, il faut souffler à un rythme très régulier sur les petites flammes. Un rythme aussi parfait que celui de l'étoile à six branches que l'on retrouve partout dans l'artisanat local ! **(Le MJ pose la carte 19.)** »

Les joueurs doivent compléter l'étoile avec des nombres de 1 à 12 (4, 5, 6, 9, et 10 étant déjà placés). La somme des nombres de chaque ligne vaut 26. Les joueurs peuvent résoudre l'énigme en écrivant sur la carte, sur une photocopie des cartes, ou encore sur une feuille en reproduisant le schéma.

Indice

→ Le MJ révèle l'emplacement du nombre 12.

SOLUTION

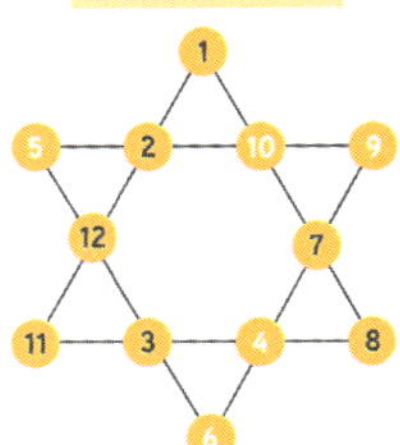

Le MJ peut défausser la carte 19, qui ne servira plus.

Remarque : Les joueurs peuvent décider de se réchauffer et de dormir sous la tente s'ils en ont une (carte 12). Attention, elle ne peut accueillir que deux personnes. Si des joueurs passent la nuit sans abri ni feu, ils subissent deux blessures. Déplacez le jeton sur la carte du niveau de santé de chacun si nécessaire.

Mise en situation à lire aux joueurs :

« Au petit matin, il est temps de partir, mais quelle direction allez-vous prendre ?
• Vers le puits, en faisant un détour pour prendre de l'eau ?
• En ligne droite, directement à l'ombre du camp C3 ? »

Si les joueurs décident de se rendre directement à l'ombre du camp C3 : passez page 16 ; s'ils vont vers le puits : continuez.

Vers le puits

Mise en situation à lire aux joueurs :

« Marcher sous le soleil demande un minimum d'hydratation.
Il y a plusieurs options :
• *(Si le groupe possède la gourde :)* Marcher la journée en rationnant l'eau de la gourde : vous subissez une blessure. L'arrivée se fait dans l'après-midi.
(La gourde est alors vide : retournez la carte.)
• Marcher la journée sans boire d'eau : vous subissez deux blessures. L'arrivée se fait dans l'après-midi.
• Marcher sans boire, quelques heures à l'aube puis au crépuscule, en vous reposant durant la journée : les joueurs guérissent d'une blessure, mais l'arrivée se fait le soir.
Quelle option choisissez-vous aujourd'hui ? »

Remarque : Ce choix est à faire à chaque nouvelle journée de voyage de l'étape 2.

Mise en situation à lire aux joueurs :

« Une fois au puits, vous vous rendez compte qu'il y a du sable dans l'eau que vous puisez. Comment la purifier ? Avoir un kit de premiers secours serait idéal, mais vous pouvez aussi la filtrer avec un vêtement. »

- Si les joueurs boivent de l'eau filtrée grâce au kit de premiers secours, ils récupèrent un niveau de santé maximal (déplacez le jeton sur « OK »). Retournez ou défaussez la carte du kit de premiers secours (carte 11).

- Si les joueurs boivent de l'eau filtrée avec un vêtement, ils ne guérissent que d'une blessure.

Remarque : Les joueurs peuvent remplir la gourde s'ils la possèdent (carte 10).

Mise en situation à lire aux joueurs :

« La nuit va bientôt tomber, vous devez vous préparer à affronter à nouveau le froid du désert nocturne. Ici, il y a de quoi faire du feu facilement, mais pour le démarrer, vous devez utiliser une allumette. »

Remarque : Certains joueurs peuvent dormir dans la tente (carte 12), mais ceux qui passent la nuit sans abri ni feu subissent deux blessures.

Mise en situation à lire aux joueurs :

« Une fois le feu allumé, vous vous rendez compte que vous êtes affamés… Mais que pourriez-vous bien manger ? **(Le MJ pose la carte 20.)** »

Si les joueurs sont arrivés dans l'après-midi, ils ont autant de temps qu'ils le souhaitent pour trouver la réponse.

Si les joueurs sont arrivés le soir, ils n'ont que 1 minute pour trouver la réponse avant qu'il ne fasse totalement nuit.

Indice

→ « Cet animal appartient à une sous-espèce d'arachnide. »

SOLUTION

Le scorpion.

Mise en situation à lire aux joueurs :

« Il suffit d'avoir le courage d'en saisir par la queue et de croquer dedans pour survivre. Même si vous pouvez aussi mourir par manque de précision… **(Le MJ pose les cartes 21 et 22.)** »

Les joueurs ont 5 minutes pour construire une pyramide de cartes. À la fin du temps, ils gagnent autant de scorpions que précisé sur la carte 22, selon la hauteur de leur structure. Ils peuvent s'arrêter de construire avant la fin du temps imparti pour sécuriser leur gain, et éviter le risque de tout perdre si la structure s'effondre. Le MJ peut défausser les cartes 20 à 22, qui ne serviront plus.

Mise en situation à lire aux joueurs :

« Après votre pause pour la nuit, vous devez choisir entre deux directions pour continuer. Quel chemin empruntez-vous ?
• Vers les ombres des rochers au niveau du camp 3 ?
• Vers l'oued au nord ? »

Si les joueurs se rendent vers les rochers : continuez ; s'ils vont vers l'oued : passez directement page 18.

Vers les ombres du camp 3

Rappel : Marcher sous le soleil demande un minimum d'hydratation. Il y a plusieurs options, référez-vous à la page 15.

Mise en situation à lire aux joueurs :

« Une fois à l'ombre des rochers, vous découvrez que le lieu où vous devez installer le camp se situe dans un oued asséché : il est facile de trouver du bois mort pour le feu. Dans les hauteurs, vous apercevez des vautours se poser. Vous aussi, il vous faut trouver de la nourriture avant d'allumer un feu pour la nuit. Mais où chercher ? »

Si les joueurs sont arrivés le soir après s'être reposés, ils sont plus alertes : le MJ leur indique directement les deux possibilités pour trouver de la nourriture.

- Si les joueurs décident d'explorer les environs, le MJ pose la carte 23.

Indices

→ « Tous les mots ne sont pas écrits dans le sens de lecture. »
→ « On peut obtenir la réponse avec ce qui reste... »

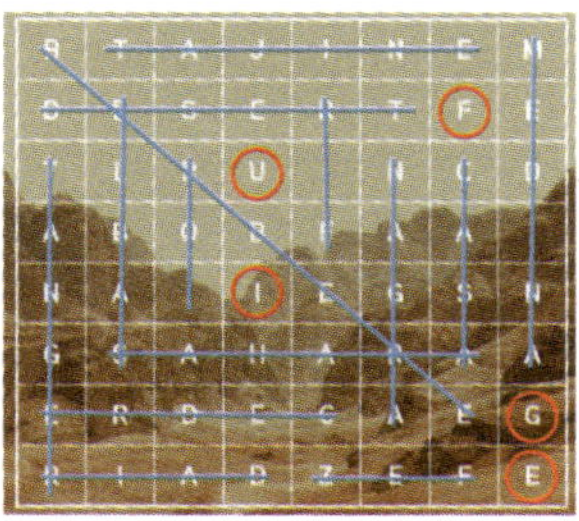

SOLUTION

Figue.

Le MJ pose la carte 24 si les joueurs réussissent en moins de 3 minutes. Sinon, ils trouvent les arbres sans fruit. Continuez page 18, à partir de « ***La nuit tombe...*** ».

- Si les joueurs vont voir ce qui attire les vautours :

Mise en situation à lire aux joueurs :

« Vous grimpez et découvrez que les vautours sont sur un plateau isolé. Il suffirait de se rapprocher pour s'emparer des morceaux de viande de chèvre entre les vautours. Pour ça, il faut franchir une crevasse en construisant un pont de bois avec une bonne répartition des éléments. (Le MJ pose la carte 25.) »

Les joueurs doivent comprendre que chaque hexagone compte autant de rondins que le ou les hexagone(s) placé(s) juste au-dessus.

Indice

→ « Il ne faut regarder qu'au-dessus. »

SOLUTION

6.

Mise en situation à lire aux joueurs :

« Arrivés sur le plateau, vous prenez les quelques morceaux de viande qui vous semblent mangeables, avant de retourner au camp. Il n'y en a pas beaucoup, mais c'est déjà ça. **(Le MJ pose la carte 26.)** »

Une fois que les joueurs ont cherché de la nourriture :

Mise en situation à lire aux joueurs :

« ***La nuit tombe,*** il est temps de s'arrêter pour tenter de se réchauffer et de reprendre des forces. »

Si les joueurs n'ont plus d'allumettes, ils ne peuvent pas faire de feu. Certains joueurs peuvent dormir dans la tente (carte 12). Ceux qui dorment sans abri ni feu subissent deux blessures. Il n'est pas non plus possible de faire cuire d'aliments, et la viande crue rend malade : les joueurs qui en mangent subissent deux blessures.

Si les joueurs ont encore au moins une allumette, ils peuvent continuer.

Mise en situation à lire aux joueurs :

« *Tout le monde est fatigué, vous rassemblez les éléments pour allumer un feu de camp.* ***(Le MJ pose la carte 27.)*** »

Chaque réponse donnée sacrifie une allumette ; les joueurs peuvent faire des propositions jusqu'à trouver la bonne réponse ou jusqu'à ce qu'il n'y ait plus d'allumettes.

Indice

→ « Qu'est-ce qui permet de créer des flammes ? »

SOLUTION

L'allumette.

S'ils arrivent à allumer le feu, les joueurs peuvent manger la viande cuite (pour rappel, tous sauf un). Le MJ peut défausser les cartes 23 à 27, qui ne serviront plus.

Mise en situation à lire aux joueurs :

« Le soleil levé, vous devez à nouveau décider quelle direction prendre. Où allez-vous ?
- En direction de l'oued.
- Vers le camp de ravitaillement. »

Si les joueurs se rendent vers l'oued : continuez ; s'ils décident d'aller au camp de ravitaillement : passez directement page 19.

Vers l'oued

Rappel : Marcher sous le soleil demande un minimum d'hydratation. Il y a plusieurs options, référez-vous à la page 15.

Mise en situation à lire aux joueurs :

« Une fois à l'oued, il y a de l'eau, mais aussi des visiteurs en train de boire. Que faire ? (Le MJ pose la carte 28.) »

- Si les joueurs sont arrivés le soir, les hyènes partent après quelques secondes.
- Si les joueurs attendent que les hyènes partent, le soleil leur cause une blessure, sauf si certains se mettent à l'ombre sous la tente.
- S'ils les chassent en criant, les hyènes s'en vont et les joueurs ont accès à l'eau.

Boire l'eau de l'oued soigne les joueurs d'une blessure, sauf s'ils la filtrent avec un kit de premiers secours, auquel cas ils retrouvent un niveau de santé maximal.

Remarque : Les joueurs peuvent remplir la gourde s'ils la possèdent (carte 10).

Mise en situation à lire aux joueurs :

« La voie est libre, vous pouvez enfin boire et vous reposer. Une fois la nuit passée, vous voilà sur le départ, mais vers où ?
• Vers le camp 4 et ses promesses de ravitaillement.
• Directement vers le camp 5, pour foncer vers votre objectif, que vous atteindrez à l'issue de cette dernière et périlleuse étape... »

Si les joueurs se rendent vers le camp 4 : continuez ; s'ils décident d'aller au camp 5 : passez directement à la 3e étape, page 21.

Vers le camp 4 et le ravitaillement

Rappel : Marcher sous le soleil demande un minimum d'hydratation. Référez-vous à la page 15. Peu importe l'option choisie, les joueurs font une rencontre en route.

Mise en situation à lire aux joueurs :

« Dans l'ombre d'une zone de cailloux, vous tombez face à une vipère à cornes. **(Le MJ pose la carte 29.)** »

Pour chaque mauvaise réponse, un joueur subit une blessure. Les joueurs doivent comprendre que la liste ne contient que des lettres s'écrivant uniquement avec des lignes droites, et rangées dans l'ordre alphabétique.

Indices

→ « Observez bien la forme des lettres. »
→ « Cherchez les arrondis. »

SOLUTION

T.

Mise en situation à lire aux joueurs :

« Vous arrivez finalement à l'endroit où vous devez installer le camp. Vous y trouvez ce qu'il faut pour allumer du feu facilement en prévision de la nuit à venir, et il doit y avoir de quoi se ravitailler dans les parages... **(Le MJ pose les cartes 30, 31 et 32.)** »

SOLUTION

Mise en situation à lire aux joueurs :

« Vous découvrez une glacière fermée par un cadenas. ***(Le MJ pose la carte 33.)*** *»*

Si les joueurs sont arrivés dans l'après-midi, le MJ leur donne directement le premier indice. Si les joueurs sont arrivés le soir, il fait sombre, le MJ ne leur donne pas d'indice.

Les joueurs doivent retrouver un code à 4 chiffres. Les deux chiffres en vert et rouge donnent des indications sur la suite de chiffres qui les précèdent. Le chiffre en vert donne le nombre de chiffres bons (c'est-à-dire qui font partie du code à trouver) et biens placés, et celui en rouge indique le nombre de chiffres bons, mais mal placés.

Indice

→ « Vert = bien placé. Rouge = pas bien placé. »
→ « Le premier chiffre du code est 6. »

SOLUTION

6054.

Le MJ peut défausser les cartes 29 à 33, qui ne serviront plus.

Mise en situation à lire aux joueurs :

« Une fois ouverte, vous découvrez que la glacière contient une gourde d'eau fraîche **(le MJ pose la carte 34)**, des dattes **(carte 35)** et un kit de premiers secours **(carte 36).** »

3ᵉ étape : Rejoindre les secours

Lieu : le désert de sable • Cartes 37 à 41.

OBJECTIFS :

- Traverser le désert de sable.
- Atteindre le camp berbère.

Mise en situation à lire aux joueurs :

« Une fois reposés, vous reprenez la route. Le dernier camp et les secours ne sont plus très loin, juste de l'autre côté du désert de sable... Mais le traverser est difficile et se repérer avec ce soleil de plomb encore plus. En ouvrant l'œil, vous repérez des indices dans le sable. **(Le MJ pose les cartes 37, 38, 39 et 40.)** »

À chaque minute écoulée, tous les joueurs subissent une blessure.

Indices

→ « Commencez par le centre. »
→ « Déroulez le fil lettre par lettre. »

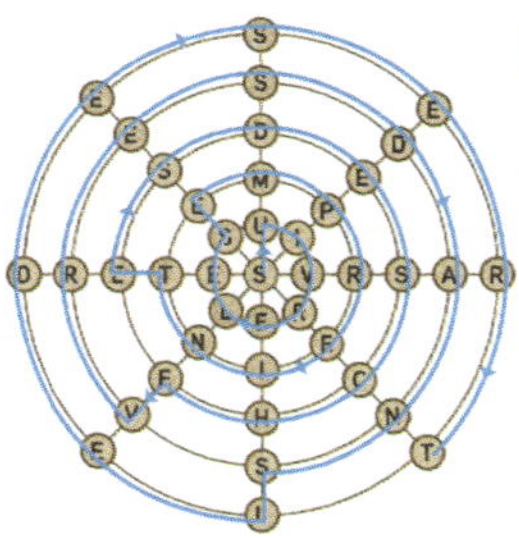

SOLUTION

SUIVRE LES EMPREINTES DES CHEVRES DANS LE DESERT

Mise en situation à lire aux joueurs :

« Traverser l'erg vous prend toute la journée. Cette dernière étape est particulièrement longue et rude. Le soleil tape fort et vous devez marcher vite si vous voulez atteindre le camp 5 avant qu'il ne fasse nuit noire. Chacun d'entre vous subit une blessure durant la traversée.

Mais pour ceux qui atteignent le camp, c'est le soulagement. Des Berbères vous attendent avec du thé à la menthe et un bon repas, que vous avalez avec gratitude pendant qu'ils envoient les secours chercher Ahar. **(Le MJ pose la carte 41.)** »

Si plus de quatre jours se sont écoulés depuis la tempête, le guide a survécu dans la fraîcheur de sa grotte. Sinon, le pire est à craindre...

PIÈGE DE GLACE

NIVEAU DE DIFFICULTÉ : ★★★

Note au MJ : les cartes de spécialiste ***(cartes 1 à 9)*** *sont l'unique moyen d'obtenir un indice spécial, mais elles peuvent aussi être utilisées pour une action précise. Si vous souhaitez réutiliser le jeu, vous pouvez photocopier les* cartes 11 à 13, 16, 17, 23, 24 et 59 *(vous pouvez les agrandir pour plus de confort visuel), utiliser un crayon de papier ou encore utiliser des jetons.*

Mise en situation à lire aux joueurs :

« 1877. Vous êtes à bord du *Conqueror*, un navire britannique pris dans les glaces de l'océan Arctique. Comme d'autres expéditions avant vous, vous cherchez à atteindre le pôle Nord, encore inexploré. Tandis que l'équipage tente de dégager le navire, vous partez vers le nord à pied pour continuer la mission. Vous marchez sur la banquise, dans le froid, le vent et le silence, avec un objectif clair : avancer plus loin que quiconque avant vous.

Pour vous guider dans cet environnement hostile, vous êtes accompagnés de Maikan, un chasseur inuit. Il connaît le terrain, les signes du ciel, et les dangers cachés sous la glace. Des connaissances vitales pour espérer survivre et progresser dans ce désert blanc. **(Le MJ pose la carte 1.)** »

1re étape : Le blizzard

Lieu : la banquise • Cartes 2 à 20.

OBJECTIFS :

- Survivre au blizzard.
- Atteindre l'igloo.

Mise en situation à lire aux joueurs :

« Chacun de vous est escorté par un spécialiste. **(Le MJ prend les cartes 2 à 9 et distribue au hasard une carte à chacun des joueurs ; les cartes restantes sont défaussées ou, pour une partie plus facile, distribuées en plus.)** Maikan vous fait comprendre qu'il sait où vous pourrez passer la nuit, il faut juste arriver à décrypter où se trouve ce lieu… **(Le MJ pose la carte 10.)** »

Indices

→ Indice : «  veut dire "pas bien placé". »
→ Indice de l'interprète : « La 3e ligne indique "2 bons, dont 2 pas bien placés". »

Pour trouver la bonne combinaison, les joueurs doivent comprendre que 👎 signifie que les éléments ne sont pas bons, 👍 veut dire qu'un ou plusieurs éléments sont bons (selon le nombre de doigts levés sur le signe qui le précède) et que 👋 signifie qu'un ou plusieurs éléments ne sont pas bien placés (selon le nombre de doigts levés). On a donc : ligne 1, aucun de bon ; ligne 2, aucun de bon ; ligne 3, 2 bons, dont 2 pas bien placés ; ligne 4, 2 bons, dont 1 bien placé ; ligne 5, 2 bons, dont 2 pas bien placés.

SOLUTION

Le MJ peut défausser la carte 10, qui ne servira plus.

Mise en situation à lire aux joueurs :

« Vous partez pour votre destination, mais la première journée vous fait vite sentir que la banquise est un terrain difficile : il faut regarder là où on met les pieds. **(Le MJ pose les cartes 11 et 12.)** »

Indices

→ « Il y a un mot à trouver. »
→ Indice du guide : Le MJ révèle le chemin jusqu'à la lettre A.

SOLUTION

Le mot à trouver est BLIZZARD.

Si les joueurs trouvent la solution en moins de 5 minutes, le MJ révèle le premier indice dès le début de l'épreuve suivante. Sinon, ils sont surpris par le blizzard et n'y ont pas accès immédiatement. Le MJ peut défausser les cartes 11 et 12.

Mise en situation à lire aux joueurs :

« Soudain, le blizzard se lève. Un froid mordant et aveuglant vous assaille. Pour que vous puissiez à coup sûr tous vous retrouver une fois la tempête passée, tout le monde doit garder la même place.

Pour mieux se repérer, chacun d'entre vous essaie de visualiser où se trouvent les membres de l'équipe les plus proches de lui. **(Le MJ pose la carte 13.)** »

Les joueurs ont 4 minutes pour placer 8 personnes (représentées par des croix) sur la grille. Il ne peut y avoir qu'une seule croix sur chaque ligne, colonne et diagonale. Les croix bleues foncées sont données dès le départ.

Indices

→ Le MJ révèle 1 personne de plus sur la grille.
→ Indice de l'explorateur : le MJ révèle 2 personnes de plus sur la grille.

SOLUTION

						×	
	×						
			×				
×							
							×
				×			
		×					
					×		

Si les joueurs ne réussissent pas à compléter la grille en 4 minutes, l'un d'eux souffre particulièrement du froid. Le MJ prend autant de cartes défaussées qu'il y a de joueurs. En dissimulant le numéro de la carte, chaque joueur en tire une. Celui qui a le numéro le plus petit tombe dans le trou. Le MJ lui donne la carte 14. Le MJ peut défausser la carte 13, qui ne servira plus.

Mise en situation à lire aux joueurs :

« Après le blizzard, vous parvenez à vous retrouver, tous plus ou moins couverts de gel. Votre guide vous mène à une passerelle de glace. Il vous faut la traverser en allant en ligne droite, jamais en diagonale. Faites bien attention où vous mettez les pieds... **(Le MJ pose les cartes 15, 16 et 17.)** »

Les joueurs doivent traverser le pont de glace (cartes 16 et 17) en évitant les cases dangereuses, qui les feraient tomber dans l'eau glacée. Pour découvrir les cases à éviter, il leur faut décoder les 6 phrases de la carte 15.

• « en haut à gauche » : il faut éviter la case A1
•« sur la troisième rangée... Chacun sur une case paire » : C2 et C4
• « la ligne la plus basse, entre le silence du 2 et le soupir du 4 » : F3
• « sur la ligne de l'Est, à ses deux premiers souffles » : E1 et E2
• « là où la ligne du B croise le deuxième chiffre impair » : B3
• « la dernière colonne de la ligne delta » : D4

Indices

→ « Chacune des 8 chutes indique une case à éviter. »
→ « Le pont est un quadrillage : lettres pour les lignes, chiffres pour les colonnes. »
→ Indice du militaire ou du cartographe : « La deuxième phrase code la case B3. »
→ « Quel est donc le chemin que vous devez emprunter pour traverser ? »

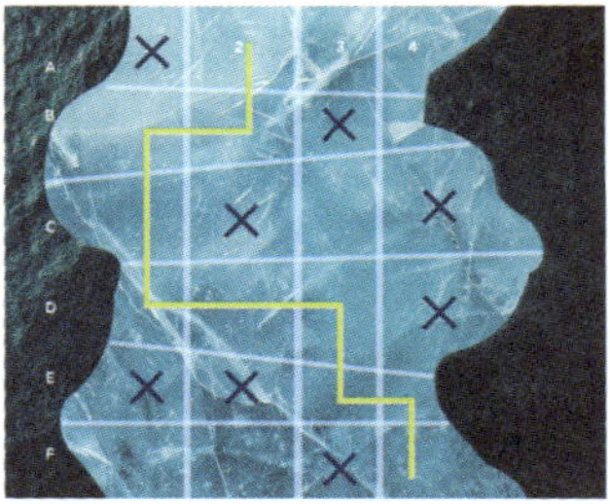

SOLUTION

Les joueurs doivent éviter les cases A1, B3, C2, C4, D4, E1, E2 et F3 ; et peuvent traverser en passant sur les cases A2, B2, B1, C1, D1, D2, D3, E3, E4 et F4

Le MJ peut défausser les cartes 15 à 17, qui ne serviront plus.

Mise en situation à lire aux joueurs :

« Vous arrivez à l'endroit prévu par votre guide en fin de journée : c'est l'igloo d'un pêcheur. Pendant que le guide prépare la suite de l'expédition, l'équipe s'accorde un repos mérité et s'endort...

Vous faites alors tous le même rêve : vous avancez dans une grotte de glace et arrivez en bordure d'un lac souterrain. Il semble y avoir une sortie de l'autre côté. Soudain, le visage de la déesse inuite Sedna, gardienne de la vie aquatique, surgit des eaux et vous soumet une énigme. **(Le MJ pose la carte 18.)** »

Carte 18 – L'énigme de la déesse Sedna

Indices

→ « Le centre du lac se trouve à la moitié de sa superficie totale. »
→ Indice du scientifique : « Plus de 10 jours. »

SOLUTION

13 . Si tout est glacé au jour 14, c'est que la veille, la moitié seulement était glacée ; la glace venait juste d'atteindre le milieu.

Si les joueurs trouvent la réponse dans le temps imparti (2 minutes), le lac gèle en un instant, leur permettant de traverser. Le MJ leur donne directement la carte 20.

S'ils échouent, les joueurs doivent chercher un autre moyen de sortir. Le MJ leur donne la carte 19.

Carte 19 – Nanuq, Tekkeitsertok et Amarok

Mise en situation à lire aux joueurs :

« Vous vous écartez du lac infranchissable pour vous approcher de l'entrée d'un tunnel, caché dans un renfoncement de la grotte. Mais trois esprits surgissent et vous bloquent le passage : Nanuq, le maître des ours polaires, Tekkeitsertok, le maître des caribous, et Amarok, le maître des loups. Ensemble, ils se mettent à parler… **(Le MJ pose la carte 19.)** »

Indices

- « La réponse est littéralement sous vos yeux. »
- Indice de l'artiste : « C'est une lettre. »

SOLUTION

La lettre V.

Lorsque les joueurs trouvent la bonne réponse, le MJ donne la carte 20. Une fois que les joueurs l'ont lue, le MJ peut défausser les cartes 18 à 20.

Mise en situation à lire aux joueurs :

Une fois levés, vous remarquez que Maikan, votre guide, a disparu. Vous sortez de l'igloo et trouvez 2 harpons posés à côté de la porte **(Le MJ pose les cartes 21 et 22.)**, mais toujours pas de guide. Vous espérez qu'il ne lui soit rien arrivé de grave, et réalisez en même temps que votre mission est compromise.

Sans guide, il vous est maintenant impossible d'atteindre le pôle Nord, c'est bien trop dangereux et vous manquez de repères. Il faut retourner au navire, mais dans quelle direction se trouve-t-il ? »

Défaussez la carte 1 si elle est toujours en jeu.

2e étape : Retour au *Conqueror*

Lieu : le désert blanc • Cartes 21 à 56.

OBJECTIF :

- Retourner au bateau.

Mise en situation à lire aux joueurs :

« Vous faites le tour de l'igloo et découvrez un message dans la neige. **(Le MJ pose les cartes 23 et 24.)** »

Indices

→ « Il vous faut décrypter une phrase. »

→ Indice de l'interprète : « Le premier mot est SUIVEZ. »

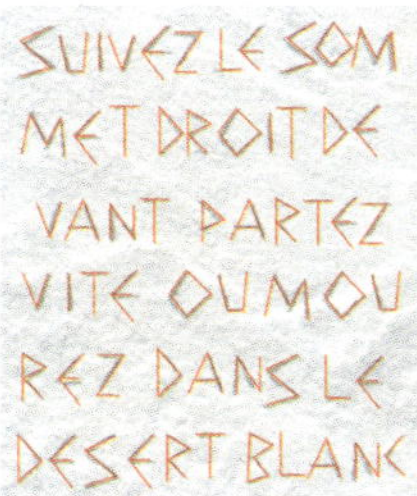

SOLUTION

« SUIVEZ LE SOMMET DROIT DEVANT. PARTEZ VITE OU MOUREZ DANS LE DÉSERT BLANC. »

Chaque signe est une lettre dont il manque une barre (hormis pour le « i »).

Si les joueurs arrivent à décrypter le message en moins de 3 minutes, ils repartiront dans la bonne direction. Sinon, ils prendront un chemin plus dangereux : le MJ lira « l'erreur de parcours » à la page 28. Le MJ peut défausser les cartes 23 et 24.

Mise en situation à lire aux joueurs :

« Le guide vous a donc laissé un dernier avertissement : vous devez vous dépêcher. Mais avant de partir, mieux vaut être prudent et récupérer des forces. Il vous faut donc de quoi manger. Le plus simple, c'est de pêcher. **(Le MJ pose la carte 25.)** Il y a peu de poissons, la pêche s'annonce longue... Combien d'heures seront nécessaires afin d'attraper assez de poissons pour nourrir tout le monde ? »

Indices

→ « Multiplier par 0 donne 0. »

→ Indice de l'explorateur : « Les moufles valent 3. »

SOLUTION

6 heures.

Le MJ peut défausser la carte 25, qui ne servira plus.

Mise en situation à lire aux joueurs :

« La nuit tombe déjà. Voulez-vous partir tout de suite, ou après une nuit dans l'igloo ? »

• Si les joueurs décident de partir de nuit :

Mise en situation à lire aux joueurs :

« À peine quelques minutes après votre départ, c'est le drame : l'un de vous tombe dans un trou d'eau glacée ! Vous arrivez à le sortir de là, mais le mal est fait. »

Le MJ prend autant de cartes défaussées qu'il y a de joueurs. En dissimulant le numéro de la carte, chaque joueur en tire une. Celui qui a le numéro le plus petit tombe dans le trou. Le MJ lui donne la carte 26.
Si les joueurs ne rebroussent pas chemin, un autre accident arrive : un deuxième joueur tombe dans une crevasse ; le MJ utilise la même technique pour sélectionner le joueur (il peut lui donner la carte 14, si elle n'est plus utilisée).
Si les joueurs veulent toujours continuer, cette fois les conséquences sont plus graves : l'un des joueurs meurt ; il est éliminé de la partie. Si les joueurs persistent à avancer de nuit, ils sont éliminés de la même manière, un par un.

• Si les joueurs décident de partir de jour :

S'ils n'ont pas obtenu la direction des cartes 23 et 24, ils s'égarent sur un morceau de banquise : continuez avec l'erreur de parcours. S'ils l'ont eue, passez cette étape et poursuivez par la rencontre avec l'ourse.

Erreur de parcours

Mise en situation à lire aux joueurs :

« Vous vous retrouvez sur un terrain accidenté. Soudain, le sol bouge sous vos pieds : la zone n'est pas stable. (Le MJ pose dans le désordre les cartes 27 à 35.) »

Les joueurs ont 1 minute pour recomposer la zone. À chaque minute supplémentaire, le MJ désigne le joueur le plus à sa droite : aspiré dans une crevasse qui vient de se former, il est éliminé.

SOLUTION

Le MJ peut défausser les cartes 27 à 35, qui ne serviront plus.

Rencontre avec l'ourse

Mise en situation à lire aux joueurs :

« Au détour d'un bloc de glace, vous croisez un ourson blanc… quelques secondes plus tard, sa mère surgit non loin. Elle fonce sur vous : il faut fuir ! »

La poursuite va se jouer selon les règles suivantes.

But du jeu : Obtenir le maximum de points en posant et ramassant stratégiquement les cartes.

Mise en place : Le MJ mélange les cartes 36 à 56 et en défausse 3 au hasard, sans les regarder. Il distribue ensuite 8 cartes à l'équipe des joueurs et 8 cartes à lui-même. Chaque camp ainsi constitué peut consulter sa main, sans la montrer au camp adverse. Les deux cartes restantes sont placées côte à côte, face visible, au centre de la table, pour former le début de la suite commune. Le camp des joueurs joue en premier.

Déroulement d'une manche : À tour de rôle, les joueurs et le MJ choisissent l'une des deux actions suivantes :

1. Ajouter une carte de sa main à la suite commune, en la posant à la suite des autres ;
2. Ramasser les 4 dernières cartes de la suite commune. Chaque camp ne peut réaliser cette action qu'une seule fois par manche.

Lorsque les deux camps ont posé leur 8 cartes de départ et ramassé 4 cartes de la suite commune, la manche s'achève.

Calcul des points :

- Comptez les cartes 3, 4 et 5 : le camp ayant le plus de 3 gagne 3 points, celui qui a le plus de 4 remporte 4 points, et celui qui a une majorité de 5, 5 points.
- Ajoutez les cartes bonus (+1, +2 et +3) et soustrayez les malus (−1, −2, −3 et −4).
- Si un camp a les 2 cartes ours polaire, il gagne 9 points supplémentaires.
- Si le camp des joueurs décide d'utiliser un harpon (cartes 21 et 22), il gagne 1 point supplémentaire par harpon. (Les joueurs doivent pouvoir y penser grâce à leur rêve de la carte 18).
- Si le camp des joueurs décide d'utiliser l'action du militaire, il gagne 1 point supplémentaire.

Fin de la partie :

- Si le MJ totalise le plus de points, il remporte la manche. L'ourse tue le joueur qui a posé la dernière carte : il est éliminé. On commence alors une nouvelle manche (« Le MJ mélange… »). Si tous les joueurs ont été éliminés, le MJ lit le paragraphe « échec ».
- Si les joueurs totalisent le plus de points, ils remportent la partie. Ils distancent l'ourse et rejoignent le bateau. Le MJ poursuit l'aventure.

Le MJ peut défausser les cartes 26 à 56.

3e étape : Sauvetage

Lieu : en mer • Cartes 57 à 60.

OBJECTIFS :

- Faire avancer le bateau.
- Rationner la nourriture.

Mise en situation à lire aux joueurs :

« Vous avez quitté la banquise et êtes de retour sur le bateau, mais tout n'est pas encore fini, vous devez réussir à sortir de ce désert blanc. Il faut stabiliser le plus longtemps possible la température de la chaudière pour avancer. Le capitaine a aussi besoin d'aide pour définir où vous allez, garder le cap et préparer le rationnement de la nourriture encore disponible. (Le MJ pose les cartes 57 à 60.) »

Carte 57 – Gérer la vapeur

Il faut additionner les nombres correspondant à la position de chaque lettre dans l'alphabet. Ainsi, charbon vaut 61, pour : 3(C) + 8(H) + 1(A) + 18(R) + 2(B) + 15(O) + 14(N).

Indices

→ « Il faut additionner les éléments. »
→ Indice du marin : « R = 18. »

SOLUTION

92. Pour : 13 (M) + 9 (I) + 14 (N) + 9 (I) + 13 (M) + 21 (U) + 13 (M) = 92.

Carte 58 – Garder le cap

Les joueurs doivent comprendre qu'il faut ajouter à chaque nombre la somme des chiffres qui le composent pour trouver le suivant. Ainsi, 113 équivaut à 1 + 1 + 3 = 5, et pour trouver le nombre suivant on fait : 113 + 5 = 118.

Indices

→ « C'est une addition. »
→ Indice du scientifique : « 113 c'est 1, 1 et 3. »

SOLUTION

152. Pour : 139 + (1 + 3 + 9) = 152.

Carte 59 – Se localiser

Les joueurs doivent trouver les mots cachés puis en recomposer un autre avec les lettres restantes. Ils peuvent résoudre cette énigme en écrivant sur la carte 59, sur une photocopie de celle-ci, ou encore sur un smartphone en prenant la carte en photo.

Indices

- « Certains mots sont à l'envers. »
- Indice du cartographe : le MJ indique 5 mots dans la grille.

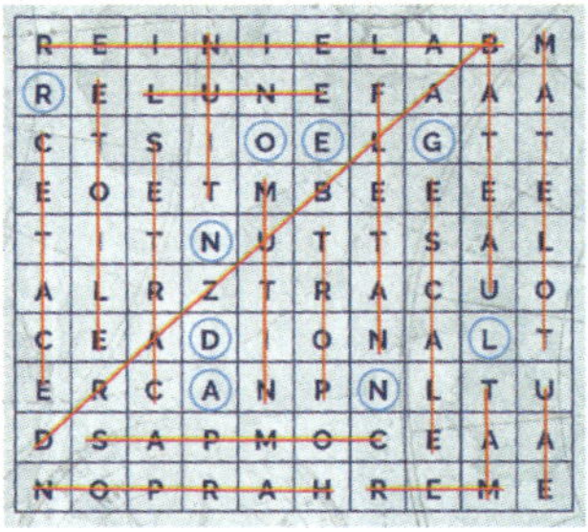

SOLUTION

Il faut composer le mot GROENLAND avec les lettres restantes.

Carte 60 – Rationner la nourriture :

Les joueurs doivent multiplier les nombres à gauche du tableau par ceux situés au-dessus du tableau pour obtenir le résultat de l'intersection correspondante (par exemple, sur la deuxième ligne, 3 × 1 = 3 ; 3 × 2 = 6 ; 3 × 3 = 9).

Indices

- « Chaque case est le résultat d'une multiplication. »
- Indice du marin ou de l'artiste : « le poisson vaut 6. »

SOLUTION

 **= 1**  **= 2**  **= 3**  **= 6**  **= 18**

Si toutes les épreuves sont réussies en moins de 45 minutes, lisez le paragraphe « victoire » ci-dessous. Sinon, lisez le paragraphe « échec ».

Victoire ! Mise en situation à lire aux joueurs :

« Vous vous échouez bientôt sur la côte du Groenland. Heureusement, peu de temps après, vous apercevez un baleinier qui passe au large. Vous lui faites de grands signes et il finit par vous repérer et venir à votre rencontre. Vous voilà sauvés ! Vous n'avez pas atteint le pôle, mais au moins vous êtes vivants ! »

Échec. Mise en situation à lire aux joueurs :

« Malgré tous vos efforts, votre équipe s'est perdue dans ce piège de glace qu'est l'arctique. Le froid est partout, et l'horizon reste vide. Les heures deviennent des jours, le silence s'installe. L'aide ne viendra pas. C'est fini.

Les scénarios de cette boîte de jeux sont des intrigues inventées, pouvant s'inspirer de lieux réels ou faits historiques.

© 2025 Éditions Prisma / Prisma Media
Tous droits réservés

Directrice des Éditions Prisma : Claire Bernard
Directrice éditoriale adjointe : Laura Stioui
Responsable d'édition : Valérie Langrognet
Responsable éditorial adjoint : Nicolas Rabeau
Assistante d'édition : Clarisse Magré
Chefs de fabrication : Jérôme Brotons et Anne-Kathrin Fischer
Conception et réalisation : Antartik
Création des scénarios et énigmes : Fabien Fernandez
Lecture-correction : François Ledent
Directrice artistique : Marion Janet / **Maquettiste :** Charlotte Robitaille

AdobeStock.com :

Coffret (dessus) et couverture du livret : © Anastasiia, © golubovy et © Oleksandr

Dans l'enfer de la jungle : *© stokkete (versos des cartes) ; © AdobeStock (jumelles carte 1) ; © robert lerich (maison cartes 2 et 7) ; © Edgar1 BJ (tournevis cartes 2 et 3) ; © Mariia (carte d'identité carte 4) ; © netrun78 (photo carte 4) ; © Tanaban (radio carte 5) ; © Сергей Лесников (kit de premiers secours cartes 6 et 9) ; © Curioso.Photography (jungle carte 7) ; © Chalabala (carte 10) ; © ArtushFoto (fond carte 11) ; © totojang1977 (fond cartes 12 et 13) ; © Fevziie (cartes 14 et 15) ; © chaphot (carte 16) ; © quickshooting (jungle carte 17) ; © Pixel Stock (carte 19)*

Perdus dans le désert : *© Andrey Kuzmin (fond cartes 1, 14 à 16, 23 à 26, 29 et 41) ;© Proses (chameaux carte 1) ;© aneduard (gourde cartes 2, 7, 10 et 34) ; © Сергей Лесников (kit de premiers secours cartes 3, 9, 11 et 36) ; © Andrey Miranda (tente cartes 4, 6 et 12) ; © Andy Dean (barres de céréales cartes 5, 8 et 12) ;© vellot (labyrinthe cartes 14, 15 et 16) ;© quickshooting (fond carte 18) ; © TheWaterMeloonProjec (fond cartes 19 et 27) ; © Eduardo (carte 20) ; © EcoView (cartes 21 et 22) ; © AdobeStock (carte 23) ; © Toufik Amine TALEB (carte 24) ; © VisualEyze (carte 26) ; © Sheila (carte 28) ; © Sirinporn (carte 29) ;© xamnex (cartes 30 à 32) ; © Piotr (fond carte 33) ; © showcake (glacière carte 33) ; © New Africa (dattes carte 35) ; © Unleashed Design (fond cartes 37 à 40) ; © Adam Constanza (carte 41)*

Piège de glace : *© NeuroCake (versos des cartes et cartes 16 à 20) ;© Volodymyr (fond cartes 1 à 9, 21 à 24 et 59) ; © Anna Khomulo (texte cartes 1 à 9) ; © Andrey Kuzmin (fond cartes 10 à 12 et 59) ;© adimas (fond carte 13) ;© Михаил Решетников (cartes 14 et 26) ; © nblxer (fond des cartes 15 à 17) ; © Андрей Журавлев (masque carte 18) ; © 4 Girls 1 Boy (traces cartes 23 et 24) ;© Katvic (cartes 27 à 35) ; © Rixie (cartes 36 à 47) ; © Johannes (cartes 48 à 51) ;© mozgova (cartes 52 à 54) ;© vaclav (cartes 20, 55 et 56) ;© crimson (carte 57) ;© muratart (carte 58) ;© Sergii Moscaliuk (carte 60)*

Freepik :

Dans l'enfer de la jungle : *© astrodesigner (jaguar carte 17) ; © VectorArtist17 (serpents carte 17) ; © freepik (caïman carte 17) ;© the8monkey (liane carte 18) ;© macrovector (branche carte 18) ; © kalyanchesnokov (branche carte 18)*

Perdus dans le désert : *© the8monkey (empreintes carte 1) ; © storyset (4x4 carte 1) ;© pch.vector (rochers carte 1) ; © lovelyday12 (tas de sable carte 1) ;© brgfx (oued et tentes carte 1) ;© multigon (puits carte 1) ; © freepik (allumettes carte 17) ;© abublik968 (fond cartes 2 à 9)*

Piège de glace : *© lembergvector (mains carte 10) ; © freepik (icebergs carte 10) ;© upklyak (glaciers carte 10) ; © goonerua (igloos et éléments inuit cartes 10, 21, 22 et 25) ; © krupalpatel416 (bouteilles carte 60) ; © Vectoristock (épi carte 60) ;© Harsh Puranam (poisson carte 60) ;© najlasyera510 (tonneaux carte 60)*

Tous droits réservés. Toute reproduction intégrale ou partielle de l'ouvrage, par quelque procédé que ce soit, est strictement interdite sans l'autorisation de l'éditeur.

Dépôt légal : octobre 2025
ISBN : 978-2-8104-4179-2
Imprimé en Slovénie par GPS

Éditions Prisma / Prisma Media
13 rue Henri Barbusse
92624 Gennevilliers